大方廣佛華嚴經 寫經

�59

🪷 일러두기

1. 『사경본 한글역 대방광불화엄경』은 『독송본 한문·한글역 대방광불화엄경』에 수록된 한글역을 사경하는 데 편의를 도모하기 위해 편집을 달리하여 간행한 것이다.

2. 『독송본 한문·한글역 대방광불화엄경』은 실차난타가 한역(695~699)한 80권 『대방광불화엄경』의 한문 원문과 한글역을 함께 수록한 것이다. 한문 저본은 고종 2년(1865) 월정사에서 인경한 고려대장경 『대방광불화엄경』이다.

3. 한글 번역은 동국역경원에서 발간한 한글 『대방광불화엄경』(운허)을 중심으로 하고 『신화엄경합론』(탄허)과 『대방광불화엄경 강설』(여천무비) 그리고 최근의 여타 번역본 등을 참조하였다.

4. 한글 번역은 독송과 사경을 위하여 정확성과 아울러 가독성을 고려하였다. 극존칭은 부처님과 불경계에 대해서만 사용하였다.

5. 사경본의 차례는 일러두기 → 한글역 본문 → 화엄경 목차 → 간행사이며 80권 『대방광불화엄경』의 권별 목차 순으로 독송본과 함께 간행한다. (법공양판에는 간행사 다음에 간행불사 동참자를 밝혀 두었다.)

사경본 한글역
대방광불화엄경 제59권

38. 이세간품 [7]

수미해주

대방광불화엄경 제59권 변상도

대방광불화엄경
제59권

38. 이세간품 [7]

_____ 은(는) 『대방광불화엄경』을
사경하는 인연공덕으로
『화엄경』이 널리 유통되고
우리 모두 다함께 보리 이루기를 발원하옵니다.

대방광불화엄경

제59권

38. 이세간품 [7]

"불자들이여, 보살마하살이 태에 머무름을 나타내 보임에 열 가지 일이 있다.

무엇이 열인가?

불자들이여, 보살마하살이 마음이 작고 이해가 용렬한 모든 중생들을 성취시키려 하기 위한 까닭으로 그들로 하여금 '지금 이 보살은 저절로 화생하였으며 지혜와 선근이 닦아서 얻은 것이 아니다'라는, 이와 같은 생각을 내지 않게 하려는 것이다. 그러므로 보살이 태에 머무름을 나타내 보인다. 이것이 첫째 일이다.

보살마하살이 부모와 모든 권속들과 지난 세상에서 함께 수행했던 중생들의 선근을 성숙하게 하기 위하여 태에 머무름을 나타내 보인다. 왜냐하면 그들이 모두 마땅히 태에 머무릎을 보아서 가진 모든 선근을 성숙시키는 까닭이다. 이것이 둘째 일이다.

　보살마하살이 모태에 들 때에 바르게 생각하고 바르게 알아서 미혹이 없으며, 모태에 머무르고는 마음이 항상 바르게 생각하고 또한 잘못됨이 없다. 이것이 셋째 일이다.

　보살마하살이 모태 중에 있으면서 항상 법을 연설함에 시방세계의 모든 큰 보살들과 제석과 범천과 사천왕들이 다 모여 와서 모두 한량없는 위신력과 가없는 지혜를 얻게 한다. 보살이 태에 머물러서 이와 같은 변재와 수승한 작용을 성취한다. 이것이 넷째 일이다.

보살마하살이 모태 중에 있으면서 큰 대중 모임을 모아서 본래의 원력으로 일체 모든 보살 대중들을 교화한다. 이것이 다섯째 일이다.

보살마하살이 인간 중에서 성불함에 마땅히 인간에 가장 수승하게 태어남을 갖추어야 하니, 이로써 모태에 머무름을 나타내 보인다. 이것이

여섯째 일이다.

　보살마하살이 모태 중에 있음에 삼천대천세계 중생들이 모두 보살 보기를 밝은 거울 가운데 그 얼굴을 보는 것과 같이 한다. 이때에 큰마음 가진 천신과 용과 야차와 건달바와 아수라와 가루라와 긴나라와 마후라가와 사람과 사람 아닌 이들이 모두 보살에게 나아가 공경하고 공양 올린다. 이것이 일곱째 일이다.

　보살마하살이 모태 중에 있음에 타방 세계에서 일체 가장 마지막 생의 보살로서 모태에 있는 자들이 다 와서 함께 모여 크게 모은 법문을 설하니, 이름이 '넓고 큰 지혜 창고'이다. 이것이 여덟째 일이다.

보살마하살이 모태에 있을 때에 더러움을 여읜 창고 삼매에 들어서 삼매의 힘으로 모태 중에서 큰 궁전을 나타내되 갖가지로 장엄하게 꾸민 것이 모두 다 미묘하고 아름다워 도솔천 궁전으로는 비교할 수 없으나, 어머니의 몸은 편안하고 근심이 없게 한다. 이것이 아홉째 일이다.

보살마하살이 모태에 머무를 때에 큰 위신력으로 공양거리를 일으키니, 이름이 '큰 복덕을 여는 더러움을 여읜 창고'이다. 시방의 일체 세계에 널리 두루하여 일체 모든 부처님 여래께 공양올리는데, 그 모든 여래께서 다 가없는 보살들의 머무르는 처소인 법계장을 연설하신다. 이것이 열째 일이다.

불자들이여, 이것이 보살마하살이 태에 머무름을 나타내 보이는 열 가지 일이다. 만약 모든 보살들이 이 법을 분명히 알면 곧 능히 매우 미세한 갈래를 나타내 보인다.

불자들이여, 보살마하살이 열 가지 매우 미세한 갈래가 있다.
무엇이 열인가?
이른바 모태 중에 있으면서 처음 보리심을 냄과 내지 관정하는 지위를 나타내 보이며, 모태 중에 있으면서 도솔천에 머무름을 나타내 보이며, 모태 중에 있으면서 처음 탄생함을 나타내 보이며, 모태 중에 있으면서 동자의 지위를 나타내 보인다.

　모태 중에 있으면서 왕궁에 머무름을 나타내 보이며, 모태 중에 있으면서 출가함을 나타내 보이며, 모태 중에 있으면서 고행과 도량에 나아가 등정각 이룸을 나타내 보이며, 모태 중에 있으면서 법륜 굴림을 나타내 보인다.

　모태 중에 있으면서 열반에 듦을 나타내 보이며, 모태 중에 있으면서 크게 미세함을 나타내 보인다. 말하자면 일체 보살행과 일체 여래의 자재한 위신력의 한량없는 차별문이다.

　불자들이여, 이것이 보살마하살의 모래 중에 있는 열 가지 미세한 갈래이다.

　만약 모든 보살들이 이 법에 편안히 머무르면 곧 여래의 위없는 큰 지혜의 미세한 갈래를 얻는다.

　불자들이여, 보살마하살이 열 가지 태어남이 있다.
　무엇이 열인가?

이른바 어리석음을 멀리 여의고 바르게 생각하고 바르게 아는 태어남과, 큰 광명 그물을 놓아 널리 삼천대천세계를 비추는 태어남과, 최후의 존재에 머물러 다시 후신을 받지 않는 태어남이다.

나지도 않고 일어나지도 않는 태어남과, 삼계가 환과 같음을 아는 태어남과, 시방세계에 널리 몸을 나타내는 태어남과, 일체지의 지혜 몸을 증득하는 태어남이다.

일체 부처님의 광명을 놓아 일체

중생신을 널리 깨우치는 태어남과, 큰 지혜로 관찰하는 삼매의 몸에 들어가는 태어남이다.

불자들이여, 보살이 태어날 때에 일체 부처님 세계를 진동시키며, 일체 중생을 해탈시키며, 일체 악도를 멸하여 없애며, 일체 모든 마를 덮어 가리며, 한량없는 보살들이 다 와서 모인다.

불자들이여, 이것이 보살마하살의 열 가지 태어남이니, 중생을 조복하기 위한 까닭으로 이와 같이 나타내 보인다.

불자들이여, 보살마하살이 열 가지 일로써 미소 지으며 마음에 스스로 서원함을 나타내 보인다.
무엇이 열인가?
이른바 보살마하살이 생각하여 말하기를 '일체 세간이 욕심의 진흙탕에 빠져 있으니, 나 한 사람을 제외하고는 능히 건져낼 이가 없구나'라고 한다. 이와 같이 알고는 기뻐서 미소 지으며 마음에 스스로 서원한다.

다시 생각하여 말하기를 '일체 세간은 번뇌에 눈먼 바이고 오직 나만 지금 지혜를 갖추었다'라고 한다. 이와 같이 알고는 기뻐서 미소 지으며 마음에 스스로 서원한다.

또 생각하여 말하기를 '내가 지금 이 거짓 이름의 몸으로 인하여 당래에 여래의 삼세에 가득한 위없는 법의 몸을 얻으리라'고 한다. 이와 같이 알고는 기뻐서 미소 지으며 마음에 스스로 서원한다.

보살이 이때에 장애 없는 눈으로

시방에 있는 바 범천과 내지 일체 대자재천을 두루 살피고 이 생각을 하여 말하기를 '이 중생들이 모두가 스스로 큰 지혜의 힘이 있다고 생각하는구나'라고 한다. 이와 같이 알고는 기뻐서 미소 지으며 마음에 스스로 서원한다.

보살이 이때에 모든 중생들이 오랫동안 선근을 심었으나 이제 다 없어짐을 살피고, 이와 같이 알고는 기뻐서 미소 지으며 마음에 스스로 서원한다.

보살이 세간의 종자를 심은 것은 비록 적으나 얻은 열매는 매우 많음을 관하여 보고, 이와 같이 알고는 기뻐서 미소 지으며 마음에 스스로 서원한다.

보살이 일체 중생이 부처님의 교화를 받으면 반드시 이익 얻음을 관하여 보고, 이와 같이 알고는 기뻐서 미소 지으며 마음에 스스로 서원한다.

보살이 과거 세상에서 함께 수행했던 보살들이 다른 일에 물들어 부처님 법의 광대한 공덕을 얻지 못함을 관하여 보고, 이와 같이 알고는 기뻐서 미소 지으며 마음에 스스로 서원한다.

보살이 과거 세상에 함께 모였던 모든 천신과 인간 등이 지금에 이르도록 오히려 범부의 지위에 있으면서 능히 버리고 떠나지 아니하며, 또한 피로해하거나 싫어하지 아니함을 관하여 보고, 이와 같이 알고는 기뻐서 미소 지으며 마음에 스스로 서원한다.

보살이 이때에 일체 여래의 광명에

닿은 바가 되어 갑절이나 즐거워하고 기뻐서 미소 지으며 마음에 스스로 서원한다.

이것이 열이다.

불자들이여, 보살이 중생을 조복하기 위한 까닭으로 이와 같이 나타내 보인다.

불자들이여, 보살마하살이 열 가지 일로써 일곱 걸음 걸어감을 보인다.

무엇이 열인가?

이른바 보살의 힘을 나타내는 까닭

으로 일곱 걸음 걸어감을 보이며, 일곱 가지 재물로 보시함을 나타내는 까닭으로 일곱 걸음 걸어감을 보인다.

땅의 신의 원을 만족시키는 까닭으로 일곱 걸음 걸어감을 보이며, 삼계를 초월하는 모양을 나타내는 까닭으로 일곱 걸음 걸어감을 보인다.

보살의 가장 수승한 행이 코끼리왕과 소왕과 사자왕의 걸음보다 뛰어남을 나타내는 까닭으로 일곱 걸음 걸어감을 보이며, 금강지의 모양을 나타내는 까닭으로 일곱 걸음 걸어감을 보인다.

　중생에게 용맹한 힘을 주려 함을 나타내는 까닭으로 일곱 걸음 걸어감을 보이며, 일곱 가지 깨닫는 보배를 수행함을 나타내는 까닭으로 일곱 걸음 걸어감을 보인다.

　얻은 바의 법이 다른 이의 가르침을 말미암지 않음을 나타내는 까닭으로 일곱 걸음 걸어감을 보이며, 세간에서 가장 수승하여 견줄 이 없음을 나타내는 까닭으로 일곱 걸음 걸어감을 보인다.

이것이 열이다.

불자들이여, 보살이 중생을 조복하기 위한 까닭으로 이와 같이 나타내 보인다.

불자들이여, 보살마하살이 열 가지 일로써 동자의 지위에 있음을 나타낸다.

무엇이 열인가?

이른바 일체 세간의 문자와 산수와 도서와 인장의 갖가지 업을 통달함을 나타내기 위한 까닭으로 동자의 지위에 있다.

　일체 세간의 코끼리와 말과 수레와 활과 화살과 칼과 창의 갖가지 업을 통달함을 나타내기 위한 까닭으로 동자의 지위에 있다.

　일체 세간의 문필과 담론과 장기와 바둑과 놀이의 갖가지 일을 통달함을 나타내기 위한 까닭으로 동자의 지위에 있다.

　몸과 말과 뜻의 업의 모든 허물을 멀리 여읨을 나타내기 위한 까닭으로 동자의 지위에 있다.

선정에 들고 열반의 문에 머물러서 시방의 한량없는 세계에 두루함을 나타내기 위한 까닭으로 동자의 지위에 있다.

그 힘이 일체 천신과 용과 야차와 건달바와 아수라와 가루라와 긴나라와 마후라가와 제석과 범천과 호세사천왕과 사람과 사람 아닌 이들을 뛰어넘음을 나타내기 위한 까닭으로 동자의 지위에 있다.

보살의 색상과 위엄 있는 광명이 일체 제석과 범천과 호세사천왕을 뛰어넘음을 나타내기 위한 까닭으로 동자의 지위에 있다.

　욕락에 탐착하는 중생들로 하여금 환희하여 법을 좋아하게 하기 위한 까닭으로 동자의 지위에 있다.

　바른 법을 존중하고 부지런히 부처님께 공양올리며 시방의 일체 세계에 두루하기 위한 까닭으로 동자의 지위에 있다.

　부처님의 가피를 얻고 법의 광명 입음을 나타내기 위한 까닭으로 동자의 지위에 있다.

이것이 열이다.

불자들이여, 보살마하살이 동자의 지위를 나타내고는 열 가지 일로써 왕궁에 거처함을 나타낸다.

무엇이 열인가?

이른바 지난 세상에서 함께 수행했던 중생들로 하여금 선근을 성숙하게 하기 위한 까닭으로 왕궁에 거처함을 나타내며, 보살의 선근의 힘을 나타내 보이기 위한 까닭으로 왕궁에 거처함을 나타낸다.

모든 인간들과 천신들이 즐길거리에 탐착하므로 보살의 큰 위덕의 즐길거리를 나타내 보이기 위한 까닭으로 왕궁에 거처함을 나타낸다.
　다섯 가지 혼탁한 세상의 중생들 마음을 따르는 까닭으로 왕궁에 거처함을 나타내며, 보살의 큰 위덕의 힘으로 능히 깊은 궁전에서 삼매에 듦을 나타내기 위한 까닭으로 왕궁에 거처함을 나타낸다.
　지난 세상에서 서원을 함께했던 중생들로 하여금 그 뜻을 만족하게 하기 위한 까닭으로 왕궁에 거처함을 나타내며, 부모와 친척과 권속들로 하여금 원하는 바를 만족하게 하려는 까닭으로 왕궁에 거처함을 나타낸다.

기악으로 미묘한 법의 음성을 내어 일체 모든 여래께 공양올리려는 까닭으로 왕궁에 거처함을 나타내며, 궁전 안에서 미묘한 삼매에 머물러 처음 성불함으로부터 열반에 이르기까지를 다 나타내 보이려는 까닭으로 왕궁에 거처함을 나타내며, 모든 부처님 법을 따르고 수호하기 위한 까닭으로 왕궁에 거처함을 나타낸다.

이것이 열이다.

가장 마지막의 몸을 받은 보살이 이와 같이 왕궁에 거처함을 나타내 보이고 그런 후에 출가한다.

불자들이여, 보살마하살이 열 가지 일로써 출가함을 나타내 보인다.

무엇이 열인가?

이른바 집에 있는 것을 싫어하는

까닭으로 출가함을 나타내 보이며, 집에 애착하는 중생이 버리고 떠나게 하기 위한 까닭으로 출가함을 나타내 보이며, 성인의 도를 따르고 믿고 즐거워하기 위한 까닭으로 출가함을 나타내 보인다.

출가한 공덕을 선양하고 찬탄하기 위한 까닭으로 출가함을 나타내 보이며, 두 가지 치우친 소견을 길이 여읨을 나타내기 위한 까닭으로 출가함을 나타내 보이며, 중생들로 하여금 욕망의 즐거움과 '나'라는 즐거룩함을 여의게 하기 위한 까닭으로 출가함을 나타내 보인다.

　삼계를 벗어나는 모양을 먼저 나타내기 위한 까닭으로 출가함을 나타내 보이며, 자재하여 남에게 속하지 않음을 나타내기 위한 까닭으로 출가함을 나타내 보이며, 당래에 여래의 십력과 두려움 없는 법을 얻음을 나타내기 위한 까닭으로 출가함을 나타내 보이며, 가장 마지막의 보살은 법이 응당 그러한 까닭으로 출가함을 나타내 보인다.

이것이 열이다.

보살이 이것으로 중생을 조복한다.

불자들이여, 보살마하살이 열 가지 일을 위한 까닭으로 고행을 행함을 보인다.

무엇이 열인가?

이른바 이해가 용렬한 중생을 성취시키기 위한 까닭으로 고행을 행함을 보이며, 삿된 소견의 중생을 빼어내기 위한 까닭으로 고행을 행함을 보이며, 업과 과보를 믿지 않는 중생에게 업과 과보를 보게 하기 위한 까닭으로 고행을 행함을 보인다.

　섞이어 물든 세계를 따르기 위하여 법이 응당 그러한 까닭으로 고행을 행함을 보이며, 수고로움을 능히 참고 부지런히 도를 닦음을 보이는 까닭으로 고행을 행함을 보이며, 중생으로 하여금 즐겨 법을 구하게 하기 위한 까닭으로 고행을 행함을 보인다.

　욕망의 즐거움과 '나'라는 즐거움에 집착하는 중생을 위한 까닭으로 고행을 행함을 보이며, 보살의 행을 일으킴이 수승하여 가장 마지막의 생에 이르기까지 오히려 부지런히 정진함을 버리지 않음을 나타내기 위한 까닭으로 고행을 행함을 보인다.

중생으로 하여금 고요한 법을 좋아하고 선근을 증장하게 하기 위한 까닭으로 고행을 행함을 보이며, 모든 천신과 세상 사람들이 모든 근이 아직 성숙하지 아니하여 때를 기다려 성숙시키기 위한 까닭으로 고행을 행함을 보인다.

이것이 열이다.

보살이 이 방편으로 일체 중생을 조복한다.

불자들이여, 보살마하살이 도량에 나아감에 열 가지 일이 있다.

무엇이 열인가?

이른바 도량에 나아갈 때에 일체 세계를 밝게 비추며, 도량에 나아갈 때에 일체 세계를 진동시키며, 도량에 나아갈 때에 일체 세계에 그 몸을 널리 나타낸다.

도량에 나아갈 때에 일체 보살과 일체 지난 세상에서 함께 수행했던 중생들을 깨우치며, 도량에 나아갈 때에 도량의 일체 장엄을 나타내 보이며, 도량에 나아갈 때에 모든 중생들 마음에 하고자 하는 바를 따라 몸의 갖가지 위의와 보리수의 일체 장엄을 나타낸다.

도량에 나아갈 때에 시방의 일체 여래를 분명히 보며, 도량에 나아갈 때에 발을 들거나 발을 놓음에 항상 삼매에 들어가서 생각생각 성불하되 뛰어넘거나 간격이 없다.

　도량에 나아갈 때에 일체 천신과 용과 야차와 건달바와 아수라와 가루라와 긴나라와 마후라가와 제석과 범천과 호세사천왕과 일체 모든 왕들이 각각 서로 알지 못하되 갖가지 가장 미묘한 공양을 일으킨다.

　도량에 나아갈 때에 걸림 없는 지혜로 일체 모든 부처님 여래께서 일체 세계에서 보살행을 닦아 바른 깨달음 이루심을 널리 관찰한다.

　이것이 열이다.

보살이 이것으로 중생을 교화한다.

불자들이여, 보살마하살이 도량에 앉음에 열 가지 일이 있다.

무엇이 열인가?

이른바 도량에 앉을 때에 갖가지로 일체 세계를 진동시키며, 도량에 앉을 때에 일체 세계를 평등히 밝게 비추며, 도량에 앉을 때에 일체 모든 나쁜 갈래의 고통을 멸하여 없앤다.

도량에 앉을 때에 일체 세계로 하여금 금강으로 이루어지게 하며, 도량에 앉을 때에 일체 모든 부처님 여래의 사자좌를 널리 관찰하며, 도량에 앉을 때에 마음이 허공과 같아서 분별하는 바가 없다.

도량에 앉을 때에 그 마땅한 바를 따라서 몸의 위의를 나타내며, 도량에 앉을 때에 금강 삼매를 수순하여 편안히 머무르며, 도량에 앉을 때에 일체 여래의 위신력으로 유지되는 바 청정하고 묘한 곳을 받으며, 도량에 앉을 때에 자기 선근의 힘으로 일체 중생에게 모두 능히 가피한다.

이것이 열이다.

불자들이여, 보살마하살이 도량에 앉을 때에 열 가지 기특하고 미증유한 일이 있다.

무엇이 열인가?

불자들이여, 보살마하살이 도량에 앉을 때에 시방세계의 일체 여래께서 다 그 앞에 나타나시어 다 오른손을 들고 칭찬하여 말씀하시되 '훌륭하고 훌륭하도다. 위없는 도사여!'라고 하신다. 이것이 첫째 미증유한 일이다.

　보살마하살이 도량에 앉을 때에 일체 여래께서 모두 다 보호하고 염려하시어 그 위력을 주신다. 이것이 둘째 미증유한 일이다.

　보살마하살이 도량에 앉을 때에 지난 세상에서 함께 수행했던 모든 보살 대중들이 다 와서 둘러싸고 갖가지 장엄거리로 공경히 공양올린다. 이것이 셋째 미증유한 일이다.

　보살마하살이 도량에 앉을 때에 일체 세계의 초목과 총림과 모든 무정물들이 다 몸을 굽히고 그림자를 낮추어 도량으로 돌아간다. 이것이 넷째 미증유한 일이다.

보살마하살이 도량에 앉을 때에 삼매에 드니, 이름이 '법계를 관찰함'이다. 이 삼매의 힘이 능히 보살의 일체 모든 행으로 하여금 다 원만함을 얻게 한다. 이것이 다섯째 미증유한 일이다.

보살마하살이 도량에 앉을 때에 다라니를 얻으니, 이름이 '가장 높고 더러움을 여읜 미묘한 빛 바다 창고'이다. 능히 일체 모든 부처님 여래의 큰 구름의 법비를 받는다. 이것이 여섯째 미증유한 일이다.

보살마하살이 도량에 앉을 때에 위덕의 힘으로 가장 미묘한 공양거리를 일으켜 일체 세계에 두루하여 모든 부처님께 공양올린다. 이것이 일곱째 미증유한 일이다.

보살마하살이 도량에 앉을 때에 가장 수승한 지혜에 머물러 일체 중생의 모든 근과 뜻의 행을 밝게 앎을 모두 나타낸다. 이것이 여덟째 미증유한 일이다.

　보살마하살이 도량에 앉을 때에 삼매에 들어가니, 이름이 '잘 깨달음'이다. 이 삼매의 힘이 능히 그 몸으로 하여금 삼세의 온 허공계 일체 세계에 충만하게 한다. 이것이 아홉째 미증유한 일이다.

　보살마하살이 도량에 앉을 때에 더러움을 여읜 광명과 걸림 없는 큰 지혜를 얻어 그 몸의 업으로 하여금 삼세에 널리 들어가게 한다. 이것이 열째 미증유한 일이다.

불자들이여, 이것이 보살마하살이 도량에 앉을 때에 열 가지 기특하고 미증유한 일이다.

불자들이여, 보살마하살이 도량에 앉을 때에 열 가지 뜻을 관찰하는 까닭으로 마를 항복 받음을 나타내 보인다.
무엇이 열인가?
이른바 혼탁한 세상의 중생들이 싸움을 좋아하여 보살이 위덕의 힘을 나타내려는 까닭으로 마를 항복 받음을 나타내 보이며, 모든 천신과 세상 사람들이 의심을 품은 자가 있어서 그 의심을 끊기 위한 까닭으로 마를 항복 받음을 나타내 보인다.

　모든 마군을 교화하고 조복하기 위한 까닭으로 마를 항복 받음을 나타내 보이며, 모든 천신과 세상 사람들의 군대의 진영을 좋아하는 자들로 하여금 다 와서 모여 관찰하고 마음이 조복되게 하려는 까닭으로 마를 항복 받음을 나타내 보인다.

　보살에게 있는 위력은 세상이 대적

할 수 없음을 나타내 보이기 위한 까닭으로 마를 항복 받음을 나타내 보이며, 일체 중생의 용맹한 힘을 일으키려는 까닭으로 마를 항복 받음을 나타내 보인다.

말세의 모든 중생들을 가엾게 여기는 까닭으로 마를 항복 받음을 나타내 보이며, 도량에 이르기까지 오히려 마군이 있어서 와서 괴롭히다가, 이후에야 이에 마의 경계를 초월하게 됨을 나타내 보이려는 까닭으로 마를 항복 받음을 나타내 보인다.

번뇌의 업의 작용은 약하고 대자의 선근은 세력이 강성함을 나타내기 위한 까닭으로 마를 항복 받음을 나타내 보이며, 혼탁하고 악한 세계에서 행하는 바 법을 따르려는 까닭으로 마를 항복 받음을 나타내 보인다.
이것이 열이다.

불자들이여, 보살마하살이 열 가지 여래의 힘을 이룸이 있다.
무엇이 열인가?
이른바 일체 온갖 마와 번뇌의 업

을 뛰어 넘은 까닭으로 여래의 힘을 이루며, 일체 보살행을 구족하고 일체 보살의 삼매문에 유희한 까닭으로 여래의 힘을 이루며, 일체 보살의 광대한 선정을 구족한 까닭으로 여래의 힘을 이루며, 일체 희고 깨끗한 도를 돕는 법을 원만하게 한 까닭으로 여래의 힘을 이룬다.

일체 법의 지혜 광명을 얻어 잘 생각하고 분별한 까닭으로 여래의 힘을 이루며, 그 몸이 일체 세계에 두루한 까닭으로 여래의 힘을 이루며,

하는 말과 음성이 모두 일체 중생의 마음과 동등한 까닭으로 여래의 힘을 이룬다.

능히 위신력으로 일체에 가지한 까닭으로 여래의 힘을 이루며, 삼세 모든 부처님과 더불어 몸과 말과 뜻의 업이 평등하여 다름이 없으며 한 생각 가운데 삼세의 법을 요달한 까닭으로 여래의 힘을 이루며, 잘 깨닫는 지혜의 삼매를 얻어 여래의 십력을 갖춘다. 이른바 옳은 도리와 그른 도리를 아는 지혜의 힘과 내지 번뇌가 다한 지혜의 힘인 까닭으로 여래의 힘을 이룬다.

이것이 열이다.

만약 모든 보살들이 이 십력을 갖추면 곧 여래 응정등각이라 이름한다.

불자들이여, 여래 응정등각께서 큰 법륜을 굴리심에 열 가지 일이 있다.

무엇이 열인가?

하나는 청정한 네 가지 두려움 없는 지혜를 구족함이고, 둘은 네 가지 변재로 따르는 음성을 냄이고, 셋은 네 가지 진실한 진리의 모습을 잘 능히 열어 밝힘이고, 넷은 모든 부처님의 걸림 없는 해탈을 따름이다.

다섯은 능히 중생으로 하여금 마음이 다 깨끗하게 믿게 함이고, 여섯은 있는 바 말이 다 헛되지 아니하여 중생들의 모든 괴로움의 독화살을 능히 뽑음이고, 일곱은 대비 원력으로 가지하는 바이다.

여덟은 내는 음성을 따라 시방의 일체 세계에 널리 두루함이고, 아홉은 아승지겁에 법을 설하여 끊어지지 않음이고, 열은 설하는 바 법을 따라서 근과 힘과 깨달음과 도와 선정과 해탈과 삼매 등의 법을 다 능히 냄이다.

불자들이여, 모든 부처님 여래께서 법륜을 굴리심에 이와 같은 등 한량없는 종류의 일이 있다.

불자들이여, 여래 응정등각께서 법륜을 굴리실 때에 열 가지 일로써 중생의 마음 가운데 희고 깨끗한 법을 심고 헛되이 지내시는 일이 없다.

무엇이 열인가?

이른바 과거의 원력인 까닭이며, 대비로 유지하는 바인 까닭이며, 중생을 버리지 않는 까닭이며, 지혜가 자재하여 그들의 좋아하는 바를 따라서 법을 설하는 까닭이다.

반드시 그 때에 응하여 일찍이 잃지 않은 까닭이며, 그 마땅한 바를 따르고 망령되이 설함이 없는 까닭이며, 삼세를 아는 지혜로 잘 밝게 아는 까닭이다.

그 몸이 가장 수승하여 더불어 같은 이가 없는 까닭이며, 언사가 자재하여 헤아릴 수 없는 까닭이며, 지혜가 자재하여 말하는 바를 따라 모두 깨닫는 까닭이다.

이것이 열이다.

불자들이여, 여래 응정등각께서 불사를 지으시고는 열 가지 뜻을 관하는 까닭으로 열반에 듦을 보이신다.

무엇이 열인가?

이른바 일체 행이 진실로 무상함을

보이시는 까닭이며, 일체 유위는 편안함이 아님을 보이시는 까닭이며, 큰 열반은 편안한 곳이어서 두려움이 없음을 보이시는 까닭이다.

모든 인간과 천신들이 색신을 즐겨 집착함에 색신은 무상한 법임을 나타내어 그들로 하여금 청정한 법신에 머무르기를 원하게 하시는 까닭이며, 무상의 힘은 바꿀 수 없음을 보이시는 까닭이다.

일체 유위는 마음을 따라 머무르지 않고 자재하지도 않음을 보이시는 까닭이며, 일체 세 가지 존재가 모두 환화와 같아서 견고하지 못함을 보이시는 까닭이다.

열반의 성품은 끝까지 견고하여 깨뜨릴 수 없음을 보이시는 까닭이며, 일체 법이 생겨남이 없고 일어남이 없지만 쌓여 모이고 흩어져 무너지는 모양이 있음을 보이시는 까닭이다.

불자들이여, 모든 부처님 세존께서 불사를 지으시며 소원을 원만히 하시며 법륜을 굴리시며 응당 교화 제도할 자를 다 교화 제도하시었다. 모든 보살들이 마땅히 높은 칭호를 받을 이가 있으면 수기를 주시고는 법이 응당 이와 같이 변하지 않는 큰 열반에 드신다.

불자들이여, 이것이 여래 응정등각께서 열 가지 뜻을 관하는 까닭으로 열반에 듦을 보이시는 것이다.

불자들이여, 이 법문은 이름이 '보살의 광대하고 청정한 행'이니, 한량없는 모든 부처님께서 한가지로 말씀하시는 것이다. 능히 지혜 있는 자로 하여금 한량없는 이치를 알아서 모두 환희를 내게 하며, 일체 보살로 하여금 대원과 대행이 다 서로 이어지게 한다.

불자들이여, 만약 어떤 중생이 이 법을 들음을 얻으며, 듣고는 믿고 이해하며, 이해하고는 수행하면 반드시 빨리 아뇩다라삼먁삼보리를 이룰 것이다. 왜냐하면 설하신 대로 수행하기 때문이다.

불자들이여, 만약 모든 보살들이 설하신 대로 행하지 아니하면, 마땅히 알라, 이 사람은 부처님의 보리를 곧 영원히 떠날 것이다. 그러므로 보살은 마땅히 설하신 대로 행하여야 한다.

불자들이여, 이것은 일체 보살의 공덕행의 처소이며, 결정한 뜻의 꽃이며, 일체 법에 널리 들어가며, 일체 지혜를 널리 내며, 모든 세간을 초월하며, 이승의 도를 여의며, 일체 모든 중생들과 함께하지 않으며, 일체 법문을 모두 능히 비추어 알며, 중생의 세간을 벗어나는 선근을 증장하며, 세간을 여의는 법문의 품이다.

마땅히 존중해야 하며, 마땅히 듣고 받아들여야 하며, 마땅히 외워 지녀야 하며, 마땅히 생각해야 하며, 마땅히 원하고 좋아해야 하며, 마땅히 수행해야 한다.

만약 능히 이와 같이 하면, 마땅히 알라, 이 사람은 빨리 아뇩다라삼먁삼보리를 얻는다."

이 품을 설할 때에 부처님의 위신력인 까닭이며, 이 법문의 법이 이와 같은 까닭으로, 시방의 한량없고 가없는 아승지 세계가 모두 크게 진동하며 큰 광명이 널리 비치었다.

그때에 시방의 모든 부처님께서 다 보현 보살 앞에 나타나서 칭찬하여 말씀하시었다.

"훌륭하고 훌륭하도다! 불자여, 이에 능히 이 모든 보살마하살의 공덕행의 처소와 결정한 뜻의 꽃과 일체 부처님 법에 널리 들어감과 세간을 벗어나는 법문의 품을 말하였도다.

불자여, 그대가 이미 이 법을 잘 배웠고, 이 법을 잘 말하였고, 그대가 위력으로 이 법을 보호하여 지니니, 우리들 모든 부처님이 모두 다 따라 기뻐한다. 우리들 모든 부처님이 그대를 따라 기뻐하듯이, 일체 모든 부처님께서도 모두 또한 이와 같으시다.

불자여, 우리들 모든 부처님이 모두 한가지 같은 마음으로 이 경을 보호하여 지녀서 현재와 미래의 모든 보살 대중들의 아직 일찍이 듣지 못한 자로 하여금 다 마땅히 듣게 하리라."

그때에 보현 보살마하살이 부처님의 위신력을 받들어 시방의 일체 대중과 및 법계를 관찰하고 게송을 설하여 말씀하였다.

한량없는 겁 동안
고행을 닦아
한량없는 부처님의

정법에서 태어나
한량없는 중생들을
보리에 머무르게 하니
그 같음이 없는 행을
내가 설함을 들을지어다.

한량없는 부처님께 공양올리되
집착을 버리며
중생들을 널리 제도하되
생각을 짓지 않으며
부처님의 공덕을 구하되
마음에 의지함이 없으니

그 수승하고 미묘한 행을
내가 이제 말하리라.

삼계의 마와
번뇌의 업을 여의고
성인 공덕의
가장 수승한 행을 갖추며
모든 어리석은 의혹을 없애어
마음이 고요하니
내가 이제 그 행하던
도를 말하리라.

세간의 모든 속임과 환을
길이 떠나서
갖가지 변화를
중생에게 보이며
마음이 나고 머무르고 소멸하며
온갖 일을 나타내니
그 능한 바를 말하여
대중들을 기쁘게 하리라.

모든 중생들이
나고 늙고 죽음과
번뇌와 근심과 횡액에

얽혀 핍박됨을 보고
해탈하게 하려고
보리심을 내게 하니
저 공덕의 행을
마땅히 들을지어다.

보시·지계·인욕·
정진·선정·지혜와
방편과
자·비·희·사 등을
백천만 겁에
항상 수행하니

그 사람의 공덕을
어진 이는 마땅히 들을지어다.

천만억 겁에
보리를 구하되
있는 바 몸과 목숨을
다 아낌이 없으며
중생을 이익케 하기를 원하고
자기는 위하지 않으니
그 자비행을
내가 이제 말하리라.

한량없는 억 겁 동안
그 공덕을 연설한 것이
바다의 한 방울 물과 같되
적지 않으니
공덕이 견줄 수 없고
비유할 수 없어
부처님의 위신력으로
이제 간략히 말하리라.

그 마음이 높고 낮음이 없으며
도를 구함에 싫어하고 게으름이 없어
널리 모든 중생들로 하여금

선에 머물러 깨끗한 법 늘어나게 하도다.

지혜로써 널리 요익하게 함이
나무와 같고 강과 샘과 같으며
또한 대지와 같아서
일체가 의지하는 바 곳이로다.

보살은 연꽃과 같아서
자비는 뿌리이고 편안함은 줄기이며
지혜는 온갖 꽃술이 되며
계품은 깨끗한 향기가 되도다.

부처님께서 법의 광명을 놓으시어
그로 하여금 피어나게 하시니
유위의 물에 물지 않음이라
보는 자가 다 기뻐하도다.

보살은 미묘한 법의 나무이니
곧은 마음땅에서 나고
믿음은 종자이고 자비는 뿌리이며
지혜는 몸통이 되며

방편은 나뭇가지와 줄기가 되고
다섯 가지 바라밀은 번성하게 되며

선정은 잎이고 신통은 꽃이며
일체지는 열매가 되며

최상의 힘은 덩굴이 되어
그늘을 드리워 삼계를 덮도다.

보살은 사자의 왕이라
희고 깨끗한 법은 몸이 되며
사성제는 그 발이 되며
바른 생각은 목이 되며

자애는 눈이고 지혜는 머리이며

해탈의 비단을 정수리에 매고
수승한 이치의 빈 골짜기에서
법을 사자후하여 온갖 마를 두렵게 하도다.

보살은 대상의 주인이 되어
널리 보니 모든 군생들이
나고 죽는 거친 벌판과
번뇌의 험악한 곳에 있으면서

마와 도적에게 붙들린 바로
어리석고 눈 어두워 바른 길을 잃으면
그들에게 바르고 곧은 길을 보여서

두려움 없는 성에 들게 하도다.

보살은 중생들이
삼독 번뇌의 병과
갖가지 모든 고뇌로
긴 밤에 볶이고 핍박당함을 보고

대비의 마음을 내어
대치할 문을 널리 설하니
팔만 사천 가지라
온갖 고통과 근심을 멸하여 없애도다.

보살은 법의 왕이 되어
바른 길로 중생들을 교화하되
악을 멀리하고 선을 닦아서
부처님의 공덕을 오로지 구하게 하며

일체 모든 부처님 처소에서
관정하여 존귀한 수기를 받고
온갖 성스러운 재물과 보리 부분의
진귀한 보배를 널리 보시하도다.

보살이 법륜을 굴리니
부처님께서 굴리신 바와 같음이라

계는 안바퀴이고 삼매는 덧바퀴이며
지는 장엄이고 혜는 칼이 되어

번뇌의 도적을 이미 깨뜨리고
또한 온갖 마와 원수를 부수니
일체 모든 외도들이
그것을 보고 흩어지지 않음이 없도다.

보살은 지혜의 바다라
깊고 넓기가 끝이 없으며
바른 법의 맛이 가득하여
깨달음 부분의 보배가 충만하며

큰 마음은 가없는 언덕이며
일체지는 조수가 되니
중생은 헤아릴 수 없어서
말해도 다할 수 없도다.

보살은 수미산이라
세간에서 우뚝 솟아
신통과 삼매의 봉우리에서
큰 마음 편안하여 흔들리지 않도다.

만약 가까이하는 자가 있으면
그 지혜의 빛과 같아지고

멀리 온갖 경계를 끊어서
일체를 보지 않음이 없도다.

보살은 금강과 같아서
뜻에 일체지를 구하되
믿는 마음과 고행이
견고하여 흔들 수 없도다.

그 마음은 두려울 바 없어
모든 군생들을 요익하게 하고
온갖 마와 번뇌를
일체 모두 꺾어 멸하도다.

보살의 큰 자비는
마치 두터운 구름 같아서
삼명은 번갯불을 일으키고
신족은 천둥 치는 소리이며

널리 네 가지 변재로써
팔공덕수의 비를 내리니
일체를 흡족히 적시어
번뇌의 열을 없애게 하도다.

보살은 바른 법의 성이라
반야가 담장이 되고

부끄러움이 깊은 해자가 되고
지혜는 망루가 되며

해탈의 문을 널리 열고
바른 생각이 항상 막고 지키며
사성제로 왕도를 평탄하게 하고
육통으로 병장기를 모으며

다시 큰 법의 당기를 세우고
그 아래 두루 결집하였으니
삼유의 모든 마의 무리들이
일체가 들어올 수 없도다.

보살은 가루라 왕이라
여의는 견고한 발이 되고
방편은 용맹한 날개이며
자비는 밝고 깨끗한 눈이로다.

일체 지혜의 나무에 머물러
삼유의 큰 바다를 관하여
하늘과 인간의 용을 잡아내어
열반의 언덕에 편안히 두도다.

보살의 바른 법의 해가
세간에 출현하니

계품은 원만한 바퀴이며
신족은 빠른 행이라

지혜의 광명으로 비추니
모든 근과 힘의 약초가 자라서
번뇌의 어두움을 멸해 없애고
애욕의 바다를 말려 버리도다.

보살은 지혜 광명의 달이라
법계로 바퀴가 되어
필경의 허공에 떠다니니
세간이 보지 못함이 없음이라

삼계의 식심 안에서
때를 따라 늘어나고 줄어듦이 있으나
이승의 별들 가운데에는
일체 짝할 이가 없도다.

보살은 큰 법왕이라
공덕으로 장엄한 몸에
상호를 다 구족하니
사람과 천신들이 모두 우러러보도다.

방편의 청정한 눈과
지혜의 금강저로

법에 자재함을 얻어
도로써 군생들을 교화하도다.

보살은 대범천왕이라
자재하게 삼유를 초월하여
업과 미혹을 모두 다 끊고
자애와 평정을 갖추지 않음이 없도다.

곳곳마다 몸을 나타내 보여
법의 음성으로 깨우치며
저 삼계 가운데에
모든 사견의 뿌리를 뽑도다.

보살은 자재천이라
생사의 지위를 초월하여
경계가 항상 청정하고
지혜가 물러남이 없으며

저 아래 수레의 도를 끊고
모든 관정의 법을 받아
공덕과 지혜를 갖추니
명성이 들리지 않음이 없도다.

보살의 지혜 마음은
청정하기가 허공과 같아서

성품도 없고 의지할 곳도 없으니
일체를 얻을 수 없도다.

크게 자재한 힘이 있어
세간의 일을 능히 이루며
스스로 청정한 행을 갖추고
중생들도 또한 그러하게 하도다.

보살의 방편의 땅은
모든 중생들을 요익하게 하고
보살의 자비의 물은
모든 번뇌를 씻어 버리며

보살의 지혜의 불은
모든 미혹과 습기의 섶을 태워 버리고
보살의 머무름 없는 바람은
삼유의 허공에 흘러 다니도다.

보살은 진귀한 보배와 같아서
능히 빈궁한 액난을 구제하고
보살은 금강과 같아서
뒤바뀐 소견을 능히 깨뜨리며

보살은 영락과 같아서
삼유의 몸을 장엄하고

보살은 마니와 같아서
일체 행을 증장하며

보살의 덕은 꽃과 같아서
항상 보리 부분을 피우고
보살의 서원은 화만과 같아서
항상 중생의 머리를 매어주며

보살은 깨끗한 계의 향을
굳게 지니어 범함이 없고
보살은 지혜의 바르는 향으로
널리 삼계에 풍기며

보살의 힘은 휘장과 같아서
능히 번뇌의 티끌을 막고
보살의 지혜는 당기와 같아서
능히 아만의 적을 꺾으며

미묘한 행은 비단이 되어
지혜를 장엄하고
부끄러움은 의복이 되어
모든 중생들을 널리 덮도다.

보살은 걸림 없는 수레이니
꾸미어 삼계에서 뛰어나며

보살은 큰 힘의 코끼리이니
그 마음이 잘 조복되었고

보살은 신통이 뛰어난 말이니
높이 뛰어 모든 존재를 초월하며
보살은 법을 설하는 용이니
중생의 마음에 널리 비내리도다.

보살은 우담바라 꽃이니
세간에서 만나기 어렵고
보살은 크게 용맹한 장수이니
온갖 마를 모두 항복 받도다.

보살의 법륜 굴림은
부처님께서 굴리시는 바와 같고
보살의 등불은 어둠을 깨뜨려
중생들이 바른 길을 보도다.

보살의 공덕의 강물은
항상 바른 길을 따라 흐르고
보살의 정진하는 다리는
모든 중생들을 널리 건너게 하며

큰 지혜와 넓은 서원으로
함께 견고한 배를 만들어

모든 중생들을 인도하여
보리의 언덕에 편안히 두며

보살의 유희하는 동산은
진실로 중생들을 즐겁게 하고
보살의 해탈의 꽃은
지혜의 궁전을 장엄하도다.

보살은 신묘한 약과 같아서
번뇌의 병을 멸하여 없애고
보살은 설산과 같아서
지혜의 약을 길러 내도다.

보살은 부처님과 동등하여
모든 군생들을 깨우치니
부처님 마음이 어찌 다른 데 있으리오
정각으로 세간을 깨닫게 하시니라.

부처님께서 오신 바와 같이
보살도 이와 같이 오며
또한 일체 지혜와 같아서
지혜로 넓은 문에 들어가도다.

보살은 일체 모든 군생들을
잘 인도하며

보살은 일체지의 경계를
자연히 깨닫도다.

보살의 한량없는 힘은
세간에서 무너뜨릴 수 없으며
보살은 두려움 없는 지혜로
중생과 법을 알도다.

일체 모든 세간의
색상이 각각 차별함과
음성과 그리고 이름을
모두 능히 분별하여 알도다.

비록 이름과 색을 여의었으나
갖가지 모양을 나타내니
일체 모든 중생들이
그 도를 헤아릴 수 없도다.

이와 같은 등의 공덕을
보살은 모두 성취하되
성품이 다 성품 없음을 알아서
있고 없음에 집착하는 바가 없도다.

이와 같은 일체지가
다함도 없고 의지하는 바도 없으니

내가 이제 마땅히 연설하여
중생들이 환희하게 하리라.

비록 모든 법의 모양이
환과 같이 모두 공적함을 알지만
가엾게 여기는 서원의 마음과
그리고 부처님의 위신력으로

신통과 변화와
갖가지 한량없는 일을 나타내니
이와 같은 모든 공덕을
그대들은 마땅히 들을지어다.

한 몸이 능히
한량없는 차별한 몸을 나타내 보여
마음도 없고 경계도 없으나
일체 중생에게 널리 응하도다.

한 음성 가운데
일체 모든 말을 갖추어 펴서
중생들의 말하는 법을
부류를 따라 모두 능히 짓도다.

번뇌의 몸을 길이 떠나고
자재한 몸을 나타내며

법은 말할 수 없음을 알지만
갖가지 말을 하도다.

그 마음이 항상 적멸하여
청정하기가 허공과 같으나
널리 세계를 장엄하여
일체 중생에게 나타내 보이도다.

몸에 집착하는 바가 없으나
능히 몸을 나타내 보이어
일체 세간 가운데서
마땅함을 따라 태어나도다.

비록 일체 처에 태어나지만
또한 태어남에 머무르지 않으며
몸이 허공 같음을 알지만
갖가지로 마음을 따라 나타나도다.

보살의 몸은 가없어서
일체 처에 널리 나타내어
가장 수승하신 양족존께
항상 공경하고 공양올리도다.

향과 꽃과 온갖 기악과
당기와 번기와 보배 일산을

항상 깊고 깨끗한 마음으로
모든 부처님께 공양올리도다.

한 부처님 회상을 떠나지 않고
널리 모든 부처님 처소에 있으면서
그 대중들 가운데서
법을 묻기도 하고 듣기도 하도다.

법을 듣고 삼매에 듦에
낱낱이 한량없는 문이며
선정에서 일어남도 또한 그러하여
끝까지 다함없음을 나타내 보이도다.

지혜와 교묘한 방편으로
세간이 다 환과 같음을 알되
능히 세간의
가없는 모든 환의 법을 나타내도다.

갖가지 형상을 나타내 보이고
또한 마음과 말도 나타내며
모든 생각의 그물 가운데 들어가되
항상 집착하는 바가 없도다.

혹은 처음으로 발심함을 나타내어
세간을 이익하게 하며

혹은 오랜 수행의
넓고 크고 끝없는 경계를 나타내니

보시와 지계와 인욕과 정진과
선정과 그리고 지혜와
네 가지 법행과 네 가지 거두어 주는 등
일체 가장 수승한 법이로다.

혹은 행이 원만히 이루어짐에
지혜를 얻어서 분별 없음을 나타내고
혹은 일생 동안 얽매임에
모든 부처님께서 관정 주심을 나타내도다.

혹은 성문의 모습을 나타내고
혹은 다시 연각을 나타내어
처처에서 열반에 들지만
보리의 행을 버리지 아니하며

혹은 제석이 됨을 나타내고
혹은 법왕이 됨을 나타내며
혹은 천녀들이 둘러싸고
혹은 때로 홀로 고요히 있으며

혹은 비구가 됨을 나타내어
적정하게 그 마음을 조복하고

혹은 자재왕을 나타내어
세간 법을 다스리며

혹은 교묘한 요술쟁이 여자를 나타내고
혹은 고행 닦음을 나타내며
혹은 오욕 받음을 나타내고
혹은 모든 선정에 들어감을 나타내며

혹은 처음 비로소 태어남을 나타내고
혹은 젊고 혹은 늙어 죽으니
만약 생각함이 있는 자면
마음이 의혹하여 광란을 일으키리라.

혹은 천궁에 있음을 나타내고
혹은 처음 내려옴을 나타내며
혹은 태에 들고 혹은 머물러서
성불하여 법륜을 굴리도다.

혹은 태어나고 혹은 열반하고
혹은 학당에 들어감을 나타내며
혹은 채녀들 가운데 있고
혹은 세속을 떠나 선정을 닦으며

혹은 보리수에 앉아서
자연히 정각을 이루며

혹은 법륜 굴림을 나타내고
혹은 비로소 도 구함을 나타내며

혹은 부처님 몸이 됨을 나타내어
한량없는 세계에 고요히 앉으며
혹은 물러나지 않는 도를 닦아서
보리의 도구를 쌓아 모으도다.

수없는 겁에 깊이 들어가서
모두 다 피안에 이르니
한량없는 겁이 한 생각이고
한 생각이 한량없는 겁이로다.

일체 겁이 겁이 아니지만
세상을 위해 겁을 나타내 보이니
옮도 없고 쌓아 모음도 없으나
모든 겁의 일을 성취하도다.

한 미진 가운데서
널리 일체 부처님을 보니
시방의 일체 처에
곳마다 계시지 않음이 없도다.

국토와 중생의 법을
차례로 모두 다 보아서

한량없는 겁의 수를 지나더라도
끝까지 다할 수 없도다.

보살은 중생들이
광대하여 끝이 없는데
저 한 중생의 몸도
한량없는 인연으로 생겼음을 알도다.

하나가 한량없음을 알듯이
일체도 모두 또한 그러함이라
그 통달한 바를 따라서
모든 아직 배우지 못한 자들을 가르치되

중생들 근기의
상·중·하가 같지 않음을 모두 알며
또한 근기가 변하고 바뀌어도
교화하고 교화하지 못할 것을 알도다.

한 근과 일체 근의
거듭되는 인연의 힘이
미세하게 각각 차별하되
차례로 혼란하고 어지러움이 없으며

또 그 욕망과 이해와
일체 번뇌와 습기를 알며

또한 과거와 미래와 현재의
있는 바 모든 마음 행을 알며

일체 행의 옴도 없고
또한 감도 없음을 밝게 통달하고
그 행을 이미 알고는
위하여 위없는 법을 설하도다.

섞이어 물듦과 청정한 행을
갖가지로 모두 밝게 알아
한 생각에 보리를 얻어
일체지를 성취하며

부처님의 부사의한
구경의 지혜 마음에 머물러
한 생각에 일체 중생의 행을
모두 능히 알도다.

보살의 신통한 지혜와
공덕의 힘이 이미 자재하여
능히 한 생각 동안에
가없는 세계에 나아가도다.

이와 같이 빨리 가기를
수없는 겁을 다하도록 하여

곳마다 두루하지 않음이 없되
털끝만큼도 움직이지 않도다.

비유하면 요술쟁이가
갖가지 색을 나타내 보이되
그 환술 속에서 구하면
색도 없고 색 아님도 없듯이

보살도 또한 이와 같아서
방편과 지혜의 환술로
갖가지를 다 나타내 보여
세간에 가득하도다.

비유하면 깨끗한 해와 달이
허공에 있으면서 밝게 비치어
온갖 물에 그림자를 나타내지만
물에 섞이는 바가 되지 않듯이

보살의 깨끗한 법륜도
마땅히 알라, 또한 이와 같아서
세간의 마음 물에 나타나되
세간에 섞이는 바가 되지 않도다.

마치 사람이 꿈속에서
갖가지 일을 지어 만들어 내며

비록 억천 년을 지낸다 하더라도
하룻밤도 마침내 다하지 않은 것처럼

보살이 법의 성품에 머물러서
일체 일을 나타내 보이며
한량없는 겁을 다한다 해도
한 생각의 지혜는 다함이 없도다.

비유하면 산골짜기와
궁전 사이에서
갖가지로 다 메아리가 울리되
실제로는 분별이 없듯이

보살이 법의 성품에 머물러
능히 자재한 지혜로
널리 부류를 따라 음성을 냄도
또한 다시 분별이 없도다.

마치 어떤 이가 아지랑이를 보고
그것을 물이라고 생각하여
달려가지만 마실 수 없으니
더욱 더 다시 목마름만 더하듯이

중생의 번뇌 마음도
마땅히 알라, 또한 이와 같으니

보살이 자비심을 일으켜서
그들을 구제하여 벗어나게 하도다.

물질은 마치 물거품 모인 것과 같고
느낌은 물 위에 뜬 거품과 같으며
생각은 아지랑이와 같으며
모든 행은 파초와 같으며

심식은 비유하면 환과 같지만
갖가지 일을 나타내 보임을 관찰하니
이와 같이 모든 온을 알아서
지혜 있는 자는 집착하는 바가 없도다.

모든 처가 다 공적하지만
마치 기관이 돌아가는 듯하며
모든 계는 성품을 길이 여의었으나
허망하게 세간에 나타나니

보살이 진실한
적멸의 제일가는 이치에 머물러서
갖가지로 널리 선양하되
마음은 의지하는 바가 없도다.

옴도 없고 또한 감도 없으며
또한 다시 머무름도 없지만

번뇌와 업과 괴로움의 원인
세 가지가 항상 유전하도다.

연기는 있는 것도 없는 것도 아니며
진실한 것도 아니고 허망한 것도 아니니
이와 같이 중도에 들어가서
설하나 집착하는 바가 없도다.

능히 한 생각 가운데
널리 삼세의 마음과
욕계와 색계와 무색계의
일체 갖가지 일을 널리 나타내도다.

세 가지 율의를 수순하여
세 가지 해탈을 연설하고
삼승의 길을 건립하여
일체지를 성취하도다.

옳은 도리와 그른 도리와
모든 업과 그리고 모든 근과
경계와 지혜와 선정과
일체 이르러 갈 길과

지난 세상을 아는 생각과 하늘눈과
일체 의혹 없앰을 밝게 통달하여

부처님의 열 가지 힘을 알되
아직 능히 성취하지 못함이로다.

모든 법이 공함을 밝게 통달하되
미묘한 법을 항상 구하며
번뇌와 더불어 합하지 않되
또한 번뇌를 다하지도 않도다.

벗어나는 길을 널리 알되
중생들을 제도하며
이에 두려움 없음을 얻어서
모든 행 닦음을 버리지 않도다.

도에 그릇됨도 없고 어김도 없으며
또한 바른 생각을 잃지도 않아서
정진하여 삼매를 얻으려고
관하는 지혜가 줄어듦이 없도다.

삼취가 다 청정하며
삼세를 모두 밝게 통달하고
대자로 중생을 애민하게 여기어
일체에 장애가 없도다.

이 법문에 들어감을 말미암아
이와 같은 행을 이루니

내가 그 조금이나마
공덕으로 장엄한 뜻을 말함이로다.

한량없는 겁을 다하도록
저 행을 말하여도 다함없으니
내가 지금 조금 말한 것은
마치 대지의 한 티끌과 같도다.

부처님의 지혜를 의지하여 머물러서
기특한 생각을 일으키며
가장 수승한 행을 닦아 행하여
큰 자비를 갖추었도다.

부지런히 정진하니 스스로 편안하여
모든 함식들을 교화하며
깨끗한 계율에 편안히 머물러
모든 수기의 행을 갖추었도다.

부처님의 공덕에 능히 들어가
중생의 행과 세계와
겁과 세간을 모두 또한 알지만
피로해하거나 싫어하는 생각이 없도다.

차별한 지혜와 총지로
진실한 이치를 통달하여

사유와 언설로 비길 데 없는
고요한 등정각이로다.

보현의 마음을 내고
그 행과 원을 닦아서
자비와 인연의 힘으로
도에 나아가는 뜻이 청정하도다.

바라밀을 닦아 행하고
구경에 깨달음의 지혜를 따르며
힘이 자재함을 증득해 알아
위없는 보리를 이루도다.

평등한 지혜를 성취하며
가장 수승한 법을 연설하며
구족한 미묘한 변재를 능히 지니어
법왕의 처소에 이르게 되도다.

모든 집착을 멀리 여의고
마음이 평등함을 연설하여
지혜를 내어
변화하여 보리를 얻도다.

일체 겁에 머무름에
지혜 있는 자는 크게 기쁘고 편안하며

깊이 들어가고 의지하되
두려움이 없고 의혹도 없도다.

부사의함을 밝게 통달하여
교묘하고 정밀하게 잘 분별하며
모든 삼매에 잘 들어가
지혜의 경계를 널리 보도다.

모든 해탈을 얻고
모든 신통과 밝음에 유희하며
얽힘과 속박을 모두 길이 떠나고
동산의 숲에서 마음대로 노닐도다.

흰 법으로 궁전을 삼아
모든 행이 기쁘고 즐거움이라
한량없는 장엄을 나타내니
세상에 마음이 흔들리지 않도다.

깊은 마음으로 잘 관찰하고
미묘한 변재로 능히 열어 펴며
청정한 보리 도장의
지혜 광명이 일체를 비추도다.

머무르는 곳은 동등히 견줄 데 없고
그 마음은 하열하지 않으며

세운 뜻은 큰 산과 같고
심은 공덕은 깊은 바다와 같도다.

보배와 같은 편안히 머무르는 법과
갑옷을 입은 서원의 마음으로
큰일을 일으켜서
구경에 무너뜨릴 수 없도다.

보리의 수기를 받고
광대한 마음에 편안히 머무르며
비밀한 창고가 끝까지 다함이 없어
일체 법을 깨달았도다.

세상의 지혜가 다 자재하고
미묘한 작용은 장애가 없어서
중생과 일체 국토와
그리고 갖가지 법과

몸과 서원과 더불어 경계와
지혜와 신통 등으로
세간에 나타내 보이는 것이
한량없는 백천억이로다.

유희와 그리고 경계가
자재하여 제어할 수 없고

힘과 두려움 없음과 함께하지 않음과
일체 업으로 장엄하도다.

모든 몸과 그리고 몸의 업과
말과 깨끗이 닦은 말이
수호함을 얻은 까닭으로
열 가지 일을 갖추어 이루도다.

보살의 마음으로 발심하며
그리고 마음이 두루함이라
모든 근이 흔들림이 없어서
가장 수승한 근을 얻도다.

깊은 마음과 더욱 수승한 마음으로
아첨과 속임을 멀리 여의고
갖가지 결정한 지혜로
세간에 널리 들어가도다.

저 번뇌의 습기를 버리고
이 가장 수승한 도를 취하여
공교하게 닦아 원만하게 하여
일체지를 이룸에 이르도다.

물러남을 여의고 바른 지위에 들어가
결정코 적멸을 증득하고

부처님 법의 길에 출생하여
공덕의 이름을 성취하도다.

도와 및 한량없는 도와
내지 장엄하는 도에
차례로 잘 편안히 머무르되
모두 다 집착하는 바가 없도다.

손과 발과 복장과
금강으로 마음이 되어
자애롭고 애민하는 갑옷을 입고
온갖 무기를 갖추었도다.

지혜는 머리이고 밝게 통달함은 눈이고
보리의 행은 귀가 되며
청정한 계는 코가 되어
어두움을 없애어 장애가 없도다.

변재는 혀가 되고
이르지 않는 곳이 없음은 몸이며
가장 수승한 지혜는 마음이 되어
행하고 머무르고 모든 업을 닦으며

도량의 사자좌에 앉고
범천에 눕고 허공에 머무르도다.

행하는 바와 그리고 관찰로
여래의 경계를 널리 비추며
중생의 행을 두루 관찰하고
기운을 떨쳐 사자후하도다.

탐욕을 여의고 깨끗한 보시를 행하며
교만을 버리고 청정한 계율을 지니며
성내지 않고 항상 인욕하며
게으르지 않고 항상 정진하며

선정으로 자재함을 얻으며
지혜로 행하는 바가 없으며

자애로 제도하고 가엾게 여김에 게으름 없고
법을 기뻐하고 번뇌를 버리도다.

모든 경계 가운데
뜻을 알고 또한 법을 알며
복덕을 모두 원만히 이루고
지혜는 날카로운 칼과 같도다.

널리 비추어 즐겁게 많이 듣고
밝게 알고 법을 향해 나아가며
마와 마의 길을 알아
모두 버리어 여의기를 서원하도다.

부처님과 부처님의 업을 보고
발심하여 다 거두어 주며
교만을 여의고 지혜를 닦아
마의 힘에 붙들리지 않도다.

부처님의 거두어 주신 바가 되며
또한 법의 지닌 바가 되도다.

도솔천에 머무름을 나타내며
또 거기서 수명 마침을 나타내며
모태에 머무름을 나타내 보이며
또한 미세한 갈래를 나타내도다.

탄생함과 미소를 나타내며
또한 일곱 걸음 걸어감을 나타내며
온갖 기술을 닦음을 보이고
또한 깊은 궁전에 머무름을 보이며

출가하여 고행을 닦고
도량에 나아가서
단정히 앉아 광명을 놓아
모든 중생들을 깨닫게 하며

마를 항복 받고 정각을 이루어
위없는 법륜을 굴리며

나타낼 바를 모두 이미 마침에
큰 열반에 드시도다.

저 모든 보살의 행을
한량없는 겁 동안 닦아 익혀서
광대하여 끝이 없으니
내가 이제 조금 설하였도다.

비록 한량없는 중생들로 하여금
부처님 공덕에 편안히 머무르게 하되
중생과 법에는
끝까지 집착하는 바가 없도다.

이와 같은 행을 구족하여
모든 신통에 유희하되
털끝에 온갖 세계를 두고
억천 겁을 지내도다.

손바닥에 한량없는 세계를 지니고
두루 다녀도 몸에 피로함이 없으며
돌아와 본래의 처소에 두어도
중생들은 알지 못하도다.

보살이 일체
갖가지로 장엄한 세계를

한 모공에 두고
진실을 모두 보게 하도다.

다시 한 모공에
널리 일체 바다를 넣어도
큰 바다는 늘지도 줄지도 않고
중생들도 방해되지 않도다.

한량없는 철위산을
손에 쥐고 부수어 티끌로 만들고
한 티끌을 한 세계에 떨어뜨려
이 모든 티끌 수를 다하고

이 모든 티끌 세계를
다시 또 가루내어 티끌을 만들더라도
이와 같은 티끌은 알 수 있지만
보살의 지혜는 헤아리기 어렵도다.

한 모공 속에서
한량없는 광명을 놓아
해와 달과 별들의 빛과
마니주의 불빛과

그리고 모든 하늘의 광명까지
일체를 다 덮어 가리며

모든 악도의 고통을 없애고
위하여 위없는 법문을 설하도다.

일체 모든 세간의
갖가지 차별한 음성을
보살이 한 음성으로
일체를 다 능히 연설하니

결정코 분별하여
일체 모든 부처님 법을 설하여
널리 모든 군생들이
듣고 크게 환희하게 하도다.

과거의 일체 겁을
미래와 현재에 편안히 두고
미래와 현재의 겁을
과거의 세상에 돌려 두도다.

한량없는 세계가
불타고 이루어지고 머무름과
일체 모든 세간이 모두
한 모공에 있음을 나타내 보이도다.

과거와 미래와 현재의
일체 시방 부처님께서

몸 가운데 분명하게
나타나시지 않음이 없도다.

변화하는 법을 깊이 알고
중생 마음에 잘 응하며
갖가지 몸을 나타내 보이지만
모두 집착하는 바가 없도다.

혹은 여섯 갈래의
일체 중생의 몸과
범천과 제석과 호세사천왕의 몸과
모든 천신과 인간 무리의 몸과

성문과 연각의 몸과
모든 부처님 여래의 몸을 나타내며
혹은 보살의 몸을 나타내어
일체지를 닦아 행하며

하·중·상 중생들의
모든 생각의 그물에 잘 들어가
보리를 이룸과
모든 부처님 세계를 나타내 보이며

모든 생각의 그물을 밝게 알아서
생각에 자재함을 얻고

보살의 행을 닦는
일체 방편의 일을 보이도다.

이와 같은 등 광대한
모든 신통 변화를 나타내 보이니
이와 같은 모든 경계를
온 세상은 능히 알지 못하도다.

비록 나타내어도 나타낸 바가 없고
끝까지 점점 더 늘어나
중생들의 마음을 따라서
진실한 도를 행하게 하니

몸과 말과 더불어 마음이
평등하기가 허공과 같도다.

청정한 계는 바르는 향이 되고
온갖 행은 의복이 되며
법의 비단은 깨끗이 장엄한 상투이며
일체 지혜는 마니보배로다.

공덕이 두루하지 않음이 없어서
관정으로 왕위에 오르니
바라밀은 바퀴가 되고
모든 신통은 코끼리가 되며

신족은 말이 되고
지혜는 밝은 구슬이 되며
미묘한 행은 채녀가 되고
사섭법은 창고를 주관하는 신하이며

방편으로 병사를 주관하고
보살은 전륜성왕이라
삼매는 성곽이 되고
공적함은 궁전이 되도다.

자비는 갑옷이고 지혜는 칼이며
생각은 활이고 밝고 날카로움은 화살이며

위신력의 일산을 높이 펼치고
지혜 당기를 우뚝 세우며

참는 힘은 흔들림이 없어서
곧바로 마왕의 군대를 깨뜨리며
총지는 평지가 되고
온갖 행은 강물이 되며

맑은 지혜는 솟아나는 샘물이 되고
미묘한 지혜는 우거진 나무 숲이 되며
공함은 맑고 깨끗한 연못이 되고
깨달음 부분은 연꽃을 피움이라

위신력으로 스스로 장엄하고
삼매를 항상 즐기며
사유는 채녀가 되고
감로는 맛있는 음식이 되며

해탈의 맛은 마실 것이 되어
삼승에 유희하도다.

이 모든 보살의 행이
미묘하고 점점 더 늘어나
한량없는 겁에 수행하여도
그 마음은 만족해 싫어하지 않도다.

일체 부처님께 공양올리고
일체 세계를 깨끗이 장엄하여
널리 일체 중생으로 하여금
일체지에 편안히 머무르게 하도다.

일체 세계의 미진도
모두 그 수효를 알 수 있고
일체 허공계와
모래 한 알까지 헤아릴 수 있으며

일체 중생의 마음도
생각생각 세어 알 수 있으나

불자의 모든 공덕은
말하여 다할 수 없도다.

이 공덕과 모든 가장 미묘한 법을
갖추고자 하며
모든 중생들로 하여금
괴로움 여의고 항상 안락케 하려 하며

몸과 말과 뜻으로 하여금
다 모든 부처님과 더불어 같게 하려면
마땅히 금강의 마음을 내어
이 공덕행을 배울지어다.

〈대방광불화엄경 제59권〉

회향송

아차보현수승행
무변승복개회향
보원침익제중생
속왕무량광불찰

시방삼세일체불
제존보살마하살
마하반야바라밀

廻向頌

我此普賢殊勝行
無邊勝福皆迴向
普願沈溺諸衆生
速往無量光佛刹

十方三世一切佛
諸尊菩薩摩訶薩
摩訶般若波羅蜜

大方廣佛華嚴經 — 부록

· 대방광불화엄경 목차

· 간행사

대방광불화엄경
목차

⟨제1회⟩

제1권　제1품　세주묘엄품 [1]

제2권　제1품　세주묘엄품 [2]

제3권　제1품　세주묘엄품 [3]

제4권　제1품　세주묘엄품 [4]

제5권　제1품　세주묘엄품 [5]

제6권　제2품　여래현상품

제7권　제3품　보현삼매품

　　　　　제4품　세계성취품

제8권　제5품　화장세계품 [1]

제9권　제5품　화장세계품 [2]

제10권　제5품　화장세계품 [3]

제11권　제6품　비로자나품

⟨제2회⟩

제12권　제7품　여래명호품

　　　　　제8품　사성제품

제13권　제9품　광명각품

　　　　　제10품　보살문명품

제14권　제11품　정행품

　　　　　제12품　현수품 [1]

제15권　제12품　현수품 [2]

⟨제3회⟩

제16권　제13품　승수미산정품

　　　　　제14품　수미정상게찬품

　　　　　제15품　십주품

제17권　제16품　범행품

　　　　　제17품　초발심공덕품

제18권　제18품　명법품

〈제4회〉

제19권 제19품 승야마천궁품

　　　　제20품 야마궁중게찬품

　　　　제21품 십행품 [1]

제20권 제21품 십행품 [2]

제21권 제22품 십무진장품

〈제5회〉

제22권 제23품 승도솔천궁품

제23권 제24품 도솔궁중게찬품

　　　　제25품 십회향품 [1]

제24권 제25품 십회향품 [2]

제25권 제25품 십회향품 [3]

제26권 제25품 십회향품 [4]

제27권 제25품 십회향품 [5]

제28권 제25품 십회향품 [6]

제29권 제25품 십회향품 [7]

제30권 제25품 십회향품 [8]

제31권 제25품 십회향품 [9]

제32권 제25품 십회향품 [10]

제33권 제25품 십회향품 [11]

〈제6회〉

제34권 제26품 십지품 [1]

제35권 제26품 십지품 [2]

제36권 제26품 십지품 [3]

제37권 제26품 십지품 [4]

제38권 제26품 십지품 [5]

제39권 제26품 십지품 [6]

〈제7회〉

제40권 제27품 십정품 [1]

제41권 제27품 십정품 [2]

제42권 제27품 십정품 [3]

제43권 제27품 십정품 [4]

제44권 제28품 십통품

　　　　제29품 십인품

제45권 제30품 아승지품

　　　　제31품 수량품

　　　　제32품 제보살주처품

제46권 제33품 불부사의법품 [1]

제47권 제33품 불부사의법품 [2]

제48권	제34품	여래십신상해품
	제35품	여래수호광명공덕품
제49권	제36품	보현행품
제50권	제37품	여래출현품 [1]
제51권	제37품	여래출현품 [2]
제52권	제37품	여래출현품 [3]

〈제8회〉

제53권 제38품 이세간품 [1]

제54권 제38품 이세간품 [2]

제55권 제38품 이세간품 [3]

제56권 제38품 이세간품 [4]

제57권 제38품 이세간품 [5]

제58권 제38품 이세간품 [6]

제59권 제38품 이세간품 [7]

〈제9회〉

제60권 제39품 입법계품 [1]

제61권 제39품 입법계품 [2]

제62권 제39품 입법계품 [3]

제63권 제39품 입법계품 [4]

제64권 제39품 입법계품 [5]

제65권 제39품 입법계품 [6]

제66권 제39품 입법계품 [7]

제67권 제39품 입법계품 [8]

제68권 제39품 입법계품 [9]

제69권 제39품 입법계품 [10]

제70권 제39품 입법계품 [11]

제71권 제39품 입법계품 [12]

제72권 제39품 입법계품 [13]

제73권 제39품 입법계품 [14]

제74권 제39품 입법계품 [15]

제75권 제39품 입법계품 [16]

제76권 제39품 입법계품 [17]

제77권 제39품 입법계품 [18]

제78권 제39품 입법계품 [19]

제79권 제39품 입법계품 [20]

제80권 제39품 입법계품 [21]

간 행 사

　귀의삼보 하옵고,

　『대방광불화엄경』의 수지 독송과 유통을 발원하면서 수미정사 불전연구원에서 『독송본 한문·한글역 대방광불화엄경』과 『사경본 한글역 대방광불화엄경』을 편찬하여 간행하게 되었습니다.

　『화엄경』은 우리나라에 전래된 이래 일찍부터 사경되고 주석·강설되어 왔으며 근현대에 이르러서는 『화엄경』의 한글 번역과 연구도 부쩍 많이 이루어졌습니다. 그만큼 『화엄경』이 우리 불자님들의 신행과 해탈에 큰 의지처가 되었던 것임을 알 수 있습니다.

　『화엄경』을 독송하고 사경하는 공덕은 설법 공덕과 함께 크게 강조되어 왔습니다. 그리하여 수미정사 불전연구원에서도 『화엄경』(80권)을 독송하고 사경하는 데 도움이 되도록 한문 원문과 한글역을 함께 수록한 독송본과 한글역의 사경본 『화엄경』 간행불사를 발원하였습니다. 이 『화엄경』 간행불사에 뜻을 같이하여 적극 후원해주신 스님들과 재가 불자님들께 깊이 감사드립니다. 또한 『화엄경』을 수지 독송할 수 있도록 경책의 모습으로 장엄해 주신 편집위원들과 담앤북스 출판사 관계자들께도 고마움을 표합니다.

　끝으로 이 불사의 원만 회향으로 『화엄경』이 널리 유통되고, 온 법계에 부처님의 가피가 충만하시길 기원드립니다.

　나무 대방광불화엄경

불기 2564년 '부처님오신날'을 봉축하며
수미해주 합장

위태천신(동진보살)

수미해주 須彌海住

호거산 운문사에서 성관 스님을 은사로 출가, 석암 대화상을 계사로 사미니계 수계, 월하 전계사를 계사로 비구니계 수계, 계룡산 동학사 전문강원 졸업, 동국대학교 불교대학 및 동 대학원 졸업, 철학박사, 가산지관 대종사에게서 전강, 동국대학교 불교대학 교수, 동학승가대학 학장 및 화엄학림 학림장, 중앙승가대학교 법인이사 역임.
(현) 수미정사 주지, 동국대학교 명예교수.
저·역서로 『의상화엄사상사연구』, 『화엄의 세계』, 『정선 원효』, 『정선 화엄 1』, 『정선 지눌』, 『법계도기총수록』, 『해주스님의 법성게 강설』 등 다수.

사경본 한글역
대방광불화엄경 제59권

| 초판 1쇄 발행_ 2025년 8월 24일

| 엮 은 이 _ 수미해주
| 엮 은 곳 _ 수미정사 불전연구원
| 편집위원_ 해주 수정 경진 선초 정천 석도 박보람 최원섭
| 편 집 보 _ 무이 무진 지욱 혜명

| 펴 낸 이 _ 오세룡
| 펴 낸 곳 _ 담앤북스
　　　　　　서울특별시 종로구 새문안로3길 23 경희궁의 아침 4단지 805호
　　　　　　대표전화 02)765-1251　전자우편 dhamenbooks@naver.com
　　　　　　출판등록 제300-2011-115호
| ISBN_ 979-11-6201-558-2 04220

이 책은 저작권 법에 따라 보호받는 저작물이므로 무단전재와 복제를 금합니다.
이 책 내용의 전부 또는 일부를 이용하려면 반드시 저작권자와 담앤북스의 서면 동의를 받아야 합니다.

정가 10,000원
ⓒ 수미해주 2025